변산의 봄 여름 가을 겨울

변산의 봄 여름 가을 겨울

소태산의 변산 노정을 따라서

원불교출판사

책을 펴내며…

변산구곡, 그 장천의 물길은
곧 새로운 시대를 향한 구원의 그물을 엮던
소태산의 사유의 길이었다.
6년 간,
작은 발걸음으로 그 분의 큰 발자취를 더듬어 걸으며
감히 그 거대한 산을 오르려고 했다.

내변산 골골에는 30대 소태산의
날 것 그대로의 무량 법문이
지금도 쩌렁쩌렁 메아리친다.
아름다움의 절정인 봉래구곡을 메타포로
소태산은 열린 세상, 밝은 세상,

살기 좋은 세상을 읊었고,
그 구곡의 무릉도원이 바로
내 안에 있음을 깨우쳐 주었으며,
봉래산 석두암에서
내 안의 절경에 이르는 길을 밝히셨으니,
변산은 우리의 영원한 법보성지다.

늘 곁에 있어도 마냥 그리웠던 곳,
이제 그 품에
마르지 않는 내 영혼의 우물 하나 깊이 간직해 두고
다시 길 떠난다.

차례

거룩한 원음의 산실

산중풍경

수행자의 산

예나 지금이나 변함없는 내변산 골짜기,
그 어느 곳 하나
그 분의 발자국 닿지 않은 곳이 있을까!
이곳의 수많은 바위와 숲과 계곡과 호수와 바람은
모두 그 분의 사유의 메타포요
깨달음의 혼을 전하는 비유의 바다였다.
그래서 이곳은 자연 그대로가
다 성소요 불토장엄이다.

산중풍경

밤새 또다시 흰 눈이 온 산을 덮었다.

성지를 겹겹이 에워싼 하얀 산등성이들이 쪽빛 하늘을 이고 물결처럼 흐른다. 그 시리고 눈부신 산의 숨결 속에서 어느덧 겨울이 깊어가고 있다.

눈 덮인 제법성지의 풍경은 '적멸의 아름다움' 그것이다.

산들은 오래 전 그 분을 기억하며 골짜기마다 새겨진 그 분의 발자국을 아직도 순결하게 간직하고 있다. 아무 것도 장엄되지 않은 민낯의 성지는 그렇게 오히려 늘 그 분의 체온을, 그 분의 웅혼한 포부와 열정을, 그리고 골짜기마다 메아리치는 사자후의 깊은 음성을 들려준다.

제법성지, 땅 한 평 없이 고작 남루한 비 하나 세워진 곳, 그래서 사람들은 가끔 실망하며 돌아선다. 새 회상의 제 2의 성지라고 우쭐했는데 교단 백년이 다가와도 늘 그 남루를 벗어나지 못하고 있음을 안타까워하며….

그러나 부처님은 '여래가 말한 불토장엄이란 곧 장엄이 아닐 새 이것을 장엄이라 이름 한다' 고 하지 않았던가. 불법의 진수는 항상 형상 있는 것에 집착하는 우리의 고정관념을 여지없이 깨트린다. 제법성지는 물리적 장엄의 틀에서 벗어날 때 비로소 그 참다운 장엄의 진실을 보여주는 곳이다. 그래서 어쩌면 장엄이 아닌 장엄을 볼 수 있는 이들에게 지금의 제법성지는 가장 찬란한 '장엄불토' 라는 역설이 통할 수 있을게다.

예나 지금이나 변함없는 내변산 골짜기, 그 어느 곳 하나 그 분의 발자국 닿지 않은 곳이 있을까! 이곳의 수많은 바위와 숲과, 계곡과 호수와 바람은 모두 그 분의 사유의 메타포요 깨달음의 혼을 전하는 비유의 바다였다. 그래서 이곳은 자연 그대로가 다 성소요 불토장엄이다.

그러기에 금방이라도 이 도량 어디에선가 문득 흰 두루마기의 풍채 늠름하고 눈빛 형형한 30대 초반의 그 분이 숲길을 내려오실 것만 같다.

소태산 박중빈이 이곳에 오시던 그 날은 어쩌면 초겨울 쌀쌀한 바람과 아기 눈발이 풋풋하게 날리고 있었는지도 모른다.

박용덕 교무의 자료에 의하면 소태산의 변산 입산은 양력으로 기미년 12월 12일이다. 12월 11일에 영광을 출발한 소태산은 서해안 육로로 장장 2백리 길을 걸어 이튿날인 12일에 월명암에 당도한다. 그 해 3월 오창건을 대동하고 1차 다녀 간 후, 당신의 수제자인 정산을 '명안' 이라는 불명으

봉래정사

로 백학명 선사 문하에 보낸 지 약 3개월 보름 만이다.

이완철 선진의 〈봉래산 실상사 탑승기〉와 정산종사의 ≪불법연구회 창건사≫에는 스승이 영산을 떠나시던 날, 제자들은 기도 시에 쓰던 회중시계 아홉 개를 여비에 보태라고 드리며 섭섭한 정을 눈물로 배별하였다고 기록한다.

간척사업 이후 영산의 저축조합은 경제적으로 매우 어려웠던 시기다. 그러기에 소태산의 변산 여정은 늘 누룽지가루로 끼니를 때우고, 손수 짚신을 삼아 팔거나 돗자리를 떼어다 행상을 하며 노자를 마련하곤 했다. 그렇게 시작된 소태산의 변산 입산은 5년 간 제법시대를 열며, 변산은 교단사에 제 2의 성지로 자리매김 하게 된다.

수행자의 산

소태산은 많은 변산 법문 속에서 제자들에게 무엇을 구하고자 이 험로를 찾아왔는가를 자주 물었다. 변산에 부안댐이 완공되고 순환도로 개통으로 교통이 편리해진 것은 불과

15년 전이다. 그 전까지 변산은 그야말로 심산구곡 험로였다. 그런데 91년 전 소태산은 왜 이 험한 골짜기로 들어왔을까?

소태산이 처음 부안 변산에 관심을 갖게 된 것은 대종경 천도품 25장에 밝혔듯이 아마도 변산 쪽에 어린 맑은 기운을 관한 후가 아닌가 생각된다. 그리고 후일 그곳을 일차 방문하여 그것이 월명암에 모인 수도 대중의 선禪 기운이라는 것을 알게 된다. 기미년 소태산의 휴양처 물색은 자연 월명암이 있는 변산 쪽으로 정해졌다.

부안 변산이 어떤 곳인가!

삼면이 바다인 변산반도는 예로부터 소금과 해산물이 풍부하고 수림이 울창하여 살기 좋은 고장으로 이름이 나 있으며, 우리나라 십승지 중 하나로 불리는 곳이기도 하다.

채석강과 적벽강 등 바다의 절경을 이룬 외변산과 봉래구곡은 물론 기암의 산봉우리들이 즐비한 내변산은 가히 우리나라 최고의 '산해절승山海絕勝'이라 할 만 하다.

"산은 높지 않아도 신선이 있어야 명산이요山不在高 有仙卽名, 물은 깊지 않아도 용이 살아야 신령한 물水不在深 有龍卽靈"이라고 했던가. 변산의 최고봉인 의상봉 마천대는 해발 509m다. 그래서 높이로 치면 결코 명산이라 부를 수 없는 곳이다. 그럼에도 불구하고 이곳은 최고의 수행지로 불리는 월명암을 비롯하여 내소사 · 개암사 · 실상사 등의 천년 고찰이 자리 잡고 있다. (안타깝게도 그중 실상사는 제법성지 석두암과 더불어 6.25때 소실되어 지금 복원불사 중임) 정확한 자료를 확인하지 못했지만 삼국시대에는 변산 골짜기에 8천 여 개의 크고 작은 암자가 있었고, 청림지역에 예부터 '승려들의 장터' 가 있었다는 말이 전해져 오는 것을 보면 이곳이 얼마나 불연佛緣이 깊은 곳인가를 알 수 있다. 뿐만 아니라 변산은 수많은 선각자와 도인을 길러낸 '수행자들의 산' 으로 당당히 명산의 반열에 이름을 올린다.

진표율사가 망신참법忘身懺法으로 도를 이룬 '불사의 방不思議房'은 미륵불교의 발원지가 되었고, 당대 최고의 승려인 원효와 의상은 개암사를 중창하고 수도를 하였으며, 울금바위 원효굴은 원효의 화쟁사상이 무르익은 곳이다.

또 월명암은 부설 거사 일가족이 도를 이루고, 진묵 스님을 비롯한 근대불교의 거장 백학명 선사가 정진하던 최고의 수행처다. 어디 그뿐인가. 득도한 내소사 공양주와 도학골에서 도를 이룬 이진사 이야기는 대종사 당대부터 우리 회상에 회자되어 오던 예화다.

그리고 반계 유형원 선생을 비롯하여 조선후기와 근대에

동학당, 서학당 등 세상의 변혁을 꿈꾸는 선지자들이 몰려들던 곳이 바로 변산이었다. 그래서 변산의 앞산 뒷산 바위들은 그들이 도를 닦던 수행처라고 전해진다.

1916년 큰 깨달음을 계기로 후천개벽시대의 새 종교를 창시하려는 소태산 박중빈이 영산을 떠나 새로운 근거지로 변산을 택한 것은 이같이 많은 선지자와 도인을 길러낸 수행자의 땅 변산의 영적 가능성과 무관하지 않을 것이다.

백천내가 잠긴 부안댐 상류

소태산의 변산 입산

소태산의 변산 입산의 의미

변산의 돌과 석두거사

성리소식의 일 번지

그런데 변산에 은거하는 동안 소태산은
자신을 '석두거사石頭居士'라 칭하고,
거처할 초당을 '석두암石頭庵'이라 이름 지었다.
뿐만 아니라 성리법문의 절창으로
회자되는 대종경 성리품 11장을 비롯하여
변산의 법문 속에는 종종 '돌'이 등장한다.
소태산이 이렇게 당신의 아호와 당호에 '돌석石' 자를
사용하고 돌을 비유로 법을 설하신 뜻은
어디에 있을까?
이런 의문들이 변산에 와서야 비로소 풀린다.

소태산의 변산 입산의 의미

"어떤 이별도 아름다운 건 없다" 했던가.

그 겨울, 영산 선진나루 바람찬 언덕배기에서 눈물로 배웅하는 제자들을 뒤에 두고 고향을 떠나는 소태산의 이별이 처연한 풍경으로 다가온다. 계속된 일경의 감시와 경찰서 연행으로 고초를 겪고, 방언공사 등으로 분망하고 복잡했던 일들이 주마등처럼 스치는 가운데 지안일 갈대숲을 내쳐 걷는 동안 영산의 산 그림자는 점점 멀어져 갔을 것이다.

그렇게 고향을 떠난 소태산의 변산 입산을 박윤철 교무는 '원불교 역사상 가장 커다란 사건 중 하나' 라고 말한다. 그것은 '그동안 영산을 주 무대로 전개했던 소태산의 교화방식(저축조합, 간척지 개척, 기도결사운동 등)에 일대 전환을 가져온 사건' 이라고 보기 때문이다. 그리고 이 사건은 곧 소태산의 활동 근거지가 '영산에서 변산을 거쳐 익산으로 이어지는 제 1단계 수순을 의미' 하는 일이기도 하다.

물론 밖으로는 수양처를 찾아 변산을 택했지만, 소태산의 변산 입산은 실로 새로운 종교운동 전개를 위한 준비작업의 결연한 의지가 담겨있는 대 전환이 아닐 수 없다.

새 시대의 보편종교로 나아가려는 포부와 경륜을 가진 소태산은 변산을 전진기지 삼아 새 회상의 교리와 제도의 밑그림을 그리며 교강을 선포하고, 교서 초안과 창립의 인연들을 결속하는 등 다가오는 세상의 고해바다를 향해 던질 거대한 그물을 엮어나간다.

변산의 돌과 석두거사

그런데 변산에 은거하는 동안 소태산은 자신을 '석두거사石頭居士'라 칭하고, 거처할 초당을 '석두암石頭庵'이라 이름 지었다. 뿐만 아니라 성리법문의 절창으로 회자되는 대종경 성리품 11장을 비롯하여 변산의 법문 속에는 종종 '돌'이 등장한다.

소태산이 이렇게 당신의 아호와 당호에 '돌석石' 자를 사용하고 돌을 비유로 법을 설하신 뜻은 어디에 있을까? 이런 의문들이 변산에 와서야 비로소 풀린다.

내변산은 산 전체가 바위와 돌로 되어있다. 계곡은 물론 전답이며 도로까지도 이곳 골짜기는 온통 뒹구는 돌멩이 천지다. 크고 작은 바위들이 저마다 눕거나 앉고, 선 채로 물소리를 듣는 봉래구곡이며, 실상동 석두암 초당 터 역시 옆으로는 커다란 거북바위가 있고, 바로 앞에는 우뚝 선 인장바위가 한눈에 조망된다. 스승이 떠나시고, 초당의 자취 흔적 없는 오늘 날에도 바위들은 여전히 묵묵하게 그 터를 지키고 있다.

'봉래정사에 계셨으므로 봉래구곡의 돌이 소재가 되었을 뿐' 이라고, 그래서 변산에 널려있는 일상의 돌들이 소태산의 호칭과 진리적 상징으로 등장한 것은 어쩌면 당연한 일인지도 모른다. 성자들의 비유는 언제나 중생의 현재적 삶과 밀착되어 있고 가장 일상적인 소재를 통해 길어 올리기 때문이다.

소태산의 아호 '석두거사' 의 '석두' 는 어리석고 우둔한 사람을 이르는 말이다. 따라서 '석두거사' 라는 호칭은 스스로를 낮추는 겸손의 의미를 담고 있다. 하지만 한편으로는 '석두石頭' 를 돌 머리, 즉 돌 중에 으뜸 돌(큰 돌)이라는 뜻으로 해석하면 이는 범인으로서는 가히 측량할 수 없는 '큰 사람' 을 의미하는 상징이 된다. '석두' 가 내포하고 있는 이 같은 야누스적인 상징을 통해서 소태산의 면모를 다시 엿볼 수 있다.

뿐만 아니라 성리품 11장과 19장의 법문들은 '돌'이 곧 소태산 자신이며, 당신의 깨달음의 메타포요 경륜의 상징임을 말해주고 있다.

성리소식의 일 번지

그래서일까. 성지를 에워 싼 바위들을 보고 있으면 당시 석두거사의 모습과 삶이 겹쳐지곤 한다. 장중하면서도 묵연히 보고 들으며 본래 천진으로 거기 그렇게 있을 뿐인 바위, 이는 곧 진리를 깨친 자의 '치연작용이나 정체여여' 한 모습이요 삶이 아닌가. 바위(돌)는 바로 철저한 진공묘유의 경지를 이르는 메타포요, 그 경지를 체득한 소태산 자신을 상징하고 있음을 알 수 있다.

소태산은 변산에서 제자들에게 견성성불見性成佛과 관심입정觀心入定, 그리고 보림함축保任含蓄의 심오한 성리의 세계를 주로 설하였으며, 최초의 교서 ≪수양연구요론≫을 이곳에서 초안하였으니 제법성지는 또한 성리소식의 제 일 번지라고 말 할 수 있지 않을까.

성리품 9장에서 "종교의 문에 성리를 밝힌 바가 없으면 이는 원만한 도가 아니니 성리는 모든 법의 조종이 되고 모든 이치의 바탕이 되는 까닭"이라고 말씀하신다.

소태산은 새회상의 교법이 어디에 근원해야 하는가를 정확히 간파하고 성리의 세계에 깊이 천착하며 변산 시대 5년을 법의 그물을 짜며 바위처럼 그렇게 묵묵히 석두거사로 보낸 것이다.

제법성지 설경

천하를 구원할 법의 그물을 짜다

실상초당 터

교강을 선포하다

변산의 돌과 바람과 향기 속에서

소태산의 사상과 교법 속에 일관되게 흐르는 정신은
통합 · 회통 · 수용정신이다.
변산반도의 수평선 너머로 소태산은
하나의 세계로 열려가는 신천지의 미래를 바라보며
한 올 한 올 법의 그물을 엮었을 것이다.

실상초당 터

지금의 '봉래정사' 기도실 우측, 석두암 터 진입로에는 늙은 감나무 몇 그루와 돌멩이들이 제멋대로 뒹굴고 있다. 이제는 흔적조차 찾기 힘든 그 빈 터에서 오늘 우리들의 '오래된 미래'를 본다. 빛바랜 사진처럼 남아있는 그 빈 터의 풍경너머로는 아직도 소태산의 숨결이 가슴 서늘하게 느껴지는데, 우리는 지금 이미 너무 많이 와 버린 것은 아닌지 돌아보며 다시 찾아 가야 할 우리의 미래를 그 터에서 생각한다.

처음 변산에 입산한 소태산은 수제자 정산이 상좌로 가 있는 월명암에 잠시 몸을 의탁하게 된다. 그러나 얼마 후 각지의 제자들이 찾아와 따로 집을 마련하여 모시기를 간청하자 산 아래 실상동에 배씨의 집(대지는 실상사 소유임) 두 칸 초옥과 근방의 논밭 경작권을 매입한다. 그리고 이만갑 선진의 희사로 방 한 칸을 더 증축하여 삼 칸 초옥을 완성하고 그 해 선달 무렵 거처를 옮기니, 그 곳이 바로 실상초당이다.

방 두 칸에 부엌 한 칸이 전부인 이곳에서 당시 송적벽과 김남천 그리고 김남천의 딸 김혜월과 외손녀인 이청풍은 산

전山田을 일구며 소태산을 시봉하였다. 교단사에서 가장 궁핍한 시절이었던 그 누추한 살림에도 각지에서 제자들은 초당으로 꾸역꾸역 모여들어 생불님이신 소태산의 법설에 환희용약하며 새로운 미래를 꿈꾸었다. 소태산은 수양에 전력하며 심산궁곡을 찾아온 그들을 위해 조석으로 법을 설하니 당시 법문 요지는 주로 관심입정과 견성성불 하는 내용이었다.

교강을 선포하다

산중에 묻혀 은거함에도 소태산의 비범한 인품을 알아본 사람들은 그 처지를 안타까워하며 세상에 나가 구국운동 할 것을 권하지만 소태산은 "태평양 고기를 잡으려는 사람이 몽둥이로 때려서 몇 마리나 잡으며, 얼마나 큰 일을 하겠느냐. 태평양 고기를 잡으려면 먼저 큰 그물을 장만해야지. 그와 같이 나는 천하를 구원할 그물을 만들고 있다"고 응수하곤 했다.

원기 5년 4월 실상초당에서 소태산은 마침내 법 그물의 씨줄과 날줄인 〈교강〉을 선포한다. '인생의 요도 사은사요와 공부의 요도 삼강령 팔조목'을 새 회상 기본 교리의 강령으로 공식 발표한 것이다. 소태산은 이미 원기 4년 금산사에서 일원상을 그려 보이며 신앙의 종지를 구상한 후, 변산에서 이를 좀 더 구체화 시켰다. 그리고 마침내 일원상을 종지로 한 〈교강〉을 선포한 것이다.

창건사에는 교강을 '매우 간명하고 원만하여 모든 신자로 하여금 조금도 미혹과 편벽에 끌리지 아니하고 바로 대도에 들게 하는 새 회상의 기본 교리'라고 기록한다. 이 기록의 행간에서 우리는 여러 대중에게 어찌하면 불법을 더 쉽고 합리적이고 원만하게 전해줄 것인가를 고심했을 청년 대종사의 간절한 염원과 지극한 원력을 느끼게 된다.

실상초당은 소태산이 일 년 정도 거처하시는 동안 '중생이 본성을 잃고 방황하여 고생하다가 다시 자성을 회복한다는 내용'의 〈회성곡〉을 지은 곳이며, '노부부의 실지불공법'에 대한 법문 등을 설하신 역사 깊은 터다.

어린 나이에 실상초당에 놀러다니며 소태산을 뵈었다던 이곳 칠보대기 할머니가 생각난다. 지난 해 열반하신 할머니는 당시 그곳 사람들이 외우던 노래를 무슨 뜻인지도 모르고 따라 흥얼거리며 놀았다고 회상했다. 구십 고령인지라 그 내용도 다 잊었다는데, 할머니가 흥얼거린 노래가 혹여 〈회성곡〉의 어느 한 구절은 아니었을까.

변산의 돌과 바람과 향기 속에서

모든 법은 시대적 산물이다. 그것이 한 성자의 깨달음에서 비롯되었다 할지라도 법은 곧 그 시대의 환경과 풍토와 문화적 여건 속에서 꽃이 핀다.

소태산이 일차 금강경을 보시고 불법에 연원을 댄 후 본격적으로 불교를 접하고 연구한 시기는 변산시대였다. 실상사를 비롯해서 월명암, 내소사, 개암사 등의 4대 고찰이 자리한 변산이야말로 불교의 실상을 접하기에 적격이 아닌가.

이미 불법이 무상대도임을 알고 장차 그 법을 주체삼아 새 회상을 열 것을 계획한 소태산이 수제자인 정산을 월명암 백학명 선사의 상좌로 보낸 것은 바로 불교의 교리와 제도를 파악하는데 그 뜻이 컸을 것이다. 당시, 같은 고향 사람이자 사상적으로 통하는 바가 많았던 백학명 선사와의 교류는 새 회상의 교법제정에 많은 영향을 준 것으로 보인다.

또한 소태산은 〈교법의 총설〉에서 모든 사상과 모든 종교의 교지를 통합 활용한 광대하고 원만한 종교의 신자를 지향한다. 그래서 소태산의 사상과 교법 속에 일관되게 흐르는 정신은 통합 · 회통 · 수용정신이다.

변산반도의 수평선 너머로 소태산은 하나의 세계로 열려가는 신천지의 미래를 바라보며 한 올 한 올 법의 그물을 엮었을 것이다. '매창' 을 키우고 '석정' 을 길러낸 변산의 그 바위와 바람과 바다의 향기 속에서 돌아오는 세상의 통합과 회통, 그리고 수용의 시대적 핵심 사상들을 건져 올리며….

성지주변의 바위

만고신의萬古信義 정신이 깃든 곳

만고신의 정신이 깃든 곳

세세생생 허리춤에 끼고 다닐 신심

똥이라도 먹을 신심

정산로는 월명암과 실상초당 간
가장 단거리 코스이지만 가장 가파른 길이기도 하다.
그런 길을 스승님이 뵙고 싶은 마음에
단숨에 오르내렸다는 정산은
"내가 깊은 밤중에도 걸음을 옮겼다 하면
봉래정사에 이르고,
발을 들었다 하면 월명암에 갔었다.
그때 힘이 더 뭉쳐진 것 같다"고 회고했다.

만고신의萬古信義 정신이 깃든 곳

지난 겨울, 세상의 모든 눈이 다 변산에 내린 듯 쌓이고 쌓이던 흰 눈, 그래서 도무지 다시는 봄이 올 것 같지 않게 꽁꽁 얼어붙었던 이 골짜기에도 언제냐 싶게 여기저기 냉이며 쑥이 나풀나풀 봄 나들이에 한창이다. 버려진 아이들처럼 돌보지 않아도 양지쪽에 기대어 옹기종기 여린 꽃을 피운 오동보랏빛 '노루귀'와 하얀 '작은별꽃'들, 그 애잔한 생명력 앞에서는 말을 잃고 만다.

기상이변이 무섭게 지구별을 강타하며 곳곳에서 불가항력의 재앙을 몰고 오고 있지만 계절의 시계는 어김없이 어린 봄을 앞세워 연둣빛을 풀어내고 있다.

죽은 것처럼 마른 가지로 숨죽이고 서 있던 석두암터 느티나무가 모진 겨울을 살아냈음을 자축이라도 하듯 앞 다퉈 실눈을 뜨기에 바쁘다. "봄바람은 사가 없이 평등하게 불어 주지마는 산 나무라야 그 기운을 받아 자라고, 성현들은 사가 없이 평등하게 법을 설하여 주지마는 신 있는 사람이라야 그 법을 오롯이 받아 갈 수 있다"하신 소태산의 음성을 석두암 봄 뜰에서 다시 듣는다.

거북바위

세세생생 허리춤에 끼고 다닐 신심

석두암 터에서 월명암으로 오르는 '정산로' 숲길에도 이렇게 봄은 오고 있다.

그러나 지금 정산로로 오르는 길은 나뭇가지로 막아놓았다. 샛길 등반의 위험과 산림 훼손을 막기 위한 국립공원의 출입통제다. 가로 막힌 그 길이 지금 맘 놓고 순례조차 하기 어려운 제법성지의 현실처럼 안타깝게 다가온다. 제법성지의 봄은 진정 언제쯤 올까?

월명암에 머물던 상수제자 정산이 산 아래 실상초당에 계신 스승을 뵙기 위해 일 년여 간 밤마다 가파른 산길을 오르내리던 그 길, 우리는 그 길을 〈정산로〉라 이름하고 그 길을 오르내리며 그리움의 이름으로 스승의 신성을 묵상하곤 했다.

원기 4년, 정산이 스승의 명에 의하여 백학명 선사의 문하에 머문 지 3개월 여 만에 꿈에도 그리던 소태산 스승이 변산으로 오신다. 그러나 스승은 제자를 부르지 않고 계속 그곳에 머물게 했다. 몸은 비록 월명암에 있으나 마음은 항상 초당에 가 있던 정산은 가파른 산길 왕복 6km를 오르내리며 밤마다 스승을 찾아뵙게 된다.

정산로는 월명암과 실상초당 간 가장 단거리 코스이지만 가장 가파른 길이기도 하다. 그런 길을 스승님이 뵙고 싶은 마음에 단숨에 오르내렸다는 정산은 "내가 깊은 밤중에도 걸음을 옮겼다 하면 봉래정사에 이르고, 발을 들었다 하면 월명암에 갔었다. 그때 힘이 더 뭉쳐진 것 같다"고 회고한다. 스승을 뵙고 싶은 마음이 얼마나 지극했기에 단걸음에 그 험로를 달려갈 수 있었을까? 물론 축지법을 쓴 정산의 신통력에 대한 얘기도 없지 않지만, 그보다는 스승을 뵙고자 한 사무친 신성의 힘이 그 가파른 산길을 단걸음에 오르내리게 했을 것이다.

소태산은 정산을 월명암에 보내며 "불경은 보지 말라"고 했다. 그러나 스승의 깊은 뜻을 헤아린 제자 정산은 불경을 놓는 경상마저도 외면한다. 훗날 만덕산에 보내며 "전주는 들르지 말라"는 말씀에 역시 전주 쪽으로는 아예 고개도 돌리지 않았다는 일화들은 두고두고 우리의 옷깃을 여미게 한다.

이런 정산을 "세세생생 허리춤에 끼고 다니고 싶다"고 표현한 소태산은 "신이 곧 법을 담는 그릇이고, 의두를 해결하는 원동력이며, 계율을 지키는 근본"이라고 말한다. 이러한 신성信誠의 미학과 완성을 보여준 정산을 통해 우리는 소태산이 왜 도가의 생명을 믿음으로 비유했는가를 다시금 돌아보게 한다.

지금 원광선원에 모셔진 정산종사 추모 비문(중앙총부에 세워졌던 옛 성탑)에는 "변산성지 월명암에 최초로 파송派送된 새 회상 법인제자, 월명 · 실상간 험준한 정산로를 밤마다 오르내리시던 만고신의의 혈성제자, 실상초당 교강선포와 교서편정에 보필의 성誠을 다하신 편수제자, 내장內藏 · 만덕萬德을 거쳐 신룡新龍에서 법통法統을 이으신 종통여래宗統如來 정산종사를 이 추모탑으로 길이 기린다."고 새겨 있다.

똥이라도 먹을 신심

석두암터 좌측으로는 거북바위가 마치 수호신처럼 서 있다. 그 거북바위 뒤쪽에 바로 소태산을 비롯한 봉래정사 가족들이 사용하던 뒷간(화장실)이 있었다. 당시 뒷간이라야 거적으로 겨우 가릴 데만 가려 밤이면 별님 달님이 다 내다

보는 간이식 화장실이었을 터다. 여느 집처럼 볼 일을 보고 나면 인분에 재나 겨를 뿌려 한쪽에 모아 두엄으로 사용했을 그런 석두암 뒷간을 재미있게 상상하며 거북바위 곁에서 대종경 신성품 13장의 주인공인 세 여인의 에피소드를 떠올려 본다.

여자의 연약한 몸으로 백리의 먼 길을 찾아다니며 한결같이 알뜰한 신성을 바치는 장적조, 구남수, 이만갑을 기특히 여긴 소태산이 "그대들의 신심이 이렇게 독실하니 지금 내가 똥이라도 먹으라 하면 바로 먹겠는가."

하시니 세 사람이 바로 나가 똥을 가져오는 지라 대종사

"그대로 앉으라" 하시고 말씀하시기를

"그대들의 거동을 보니 똥보다 더한 것이라도 먹을 만한 신심이로다. 그러나 지금은 회상이 단순해서 그대들을 친절히 챙겨 줄 기회가 자주 있지마는 이 앞으로 회상이 커지고 보면 그대들의 오고 가는 것조차 내가 일일이 알 수 없을지 모르니, 그러한 때에라도 오늘 같은 신성으로 영겁을 일관하라."

스승의 이 같은 말씀을 거울삼아 세 분 선진은 한결같은 신성으로 창립기 교단사에 실로 큰 역할을 하였다.

경남 통영 출신인 장적조는 결혼하여 자녀까지 있었으나

한 가정에 메어 사는 것에 의미를 느끼지 못하고 집을 나와 전라도까지 오게 된 사람이다. 방물장수 행상을 하며 돌아다니다가 이만갑의 연원으로 내변산에서 소태산을 뵌 후 지극한 신성을 바친 장적조는 익산의 불법연구회 창립과 총부 건설의 큰 힘이 된 서중안의 형 서동풍을 입교 시킨 장본인이다. 또한 박사시화, 최도화 선진과 함께 초창기 교단의 3대 여걸 중 한 사람으로 회자되는 장적조는 많은 순교활동을 통해 경상도 교화의 효시인 부산교화와, 함경북도 청진에서 북만주까지 교단 초유의 북방교화를 개척한 선진이다. 구남수는 원평 출신으로 훔치교 신도였으나 먼저 정산을 만나고, 금산사에서 정산의 스승인 소태산을 뵌 후 제자가 되어 정법에 대한 신의를 지키며 한결 같은 신성을 다 바쳤다.

이만갑은 전주 출신이나 김제 금산으로 출가하여 10남매를 두고 살았다. 도축업을 하는 관계로 가세가 비교적 넉넉하여 간고했던 소태산의 변산 시절 실상초당 매입은 물론 석두암 건축 시 식량과 땔감 일체를 부담하였으며, 영산의 간척답 보수공사에도 많은 정재를 희사한다. 그리고 맏아들 김원형으로 하여금 원평교당 창립 유공인이 되도록 인도하였다.

이만갑이 내변산을 왕래하며 소태산께 헌신적인 신성을 바치자 이를 못마땅하게 여긴 남편이 어느 날 변산을 가기 위해 집을 나서는 아내를 만류했으나 듣지 않자 홧김에 들고 있던 칼로 아내의 팔을 내리쳐 크게 상처를 입게 되었다. 그럼에도 불구하고 이만갑은 조금도 흔들림 없이 변산의 험산구곡을 꾸준히 왕래하며 소태산에게 물심양면으로 신성을 다 바치니, 과연 똥보다 더한 그 어떤 것도 먹을 수 있었던 이들의 신성은 스승에게 법을 구하는 이들의 아름다운 이정표가 아닐 수 없다.

변산성지 봄맞이꽃

소태산의 불교 혁신의 산실

산 벚꽃 바람에 흩날려

교단 최초의 조실 석두암

불교 혁신의 산실

변산은 시대불이신 소태산의 불교 혁신의 메카다.
소태산은《조선불교혁신론》을 통해
무상대도인 불법의 본질을 회복시켜
후천개벽 시대의 주체적인 교법으로서
불법의 위상을 다시 정립하고자 했다.

산 벚꽃 바람에 흩날려

여기 봉래산 기슭은 지금 뭉게구름처럼 피어나는 유록빛 신록 사이로 연분홍 꽃잎들 흐드러지게 날리고 있다.

그 분이 계시던 그 봄도 이렇게 화사했을까?

그 꽃잎 날려 석두암 초당 마루에 분분하던 날, 그 분도 일원대도 법 그물 짜시던 일손 잠시 놓고 초당 앞을 거닐며 이 봄 산의 절정에 미소로 화답하며 휴식을 취했을까?

손수 군불 지피시며 짠지에 허기진 보리밥 한 술로 끼니를 때우던 시절, 저 어린 봄동나물이 그 분의 입맛을 돋우었듯 허허 몽중夢中 그 꽃잎들 그 분 도와 천지공사 일조 했으리라. 석두암 터에 앉아 나름 소태산의 봄날을 따라 시간을 거슬러 올라가 본다. 이 봉래산은 왠지 사람의 아들인 소태산의 인간적인 면모와 향기가 짙게 느끼지는 곳이다. 그래서 더욱 원음의 소리가 육성으로 들리는지도 모르겠다.

많은 순례객들이 이 성지를 다녀가지만 한 성자의 법을 이해하고 그 인격의 깊이를 가늠하는 일은 온전히 자기 수준 그 이상도 이하도 아닐 것이다. 내 깊이 만큼 내 넓이 만큼 그렇게 소태산은 우리들의 내면에 현존한다. 그러니 감히 오늘 가슴으로 느껴보는 소태산은 나만의 그 분이시다.

석두암 터

교단 최초의 조실 석두암

실상초당에 점점 찾아오는 제자들이 많아지자 소태산을 보필하던 김남천·송적벽은 부족한 숙소 걱정에 새 집 마련을 발의하게 된다.

이러한 사정을 안 월명암 백학명 선사는 실상사 거북바위 옆에 집터를 주선해 주고 재목까지 보조하여 소태산의 새 거처 마련에 박차를 가하게 된다. 그리하여 원기 6년 7월에 공사가 시작되었다. 송적벽은 터를 닦고 축대를 쌓으며, 김남천은 목수 일을 맡고, 이만갑과 구남수는 식량과 일체 잡비 조달을 도맡아 동년 9월에 드디어 두 칸 초당을 완공한다.

박용덕 교무는 그의 저서 ≪초기교단사 2≫권에서 석두암 초당의 당시 풍경을 이정화 선진의 구술 자료에 의해 비교적 상세히 기록하고 있다.

"석두암 2간 초당은 흙과 짚을 잘 개어 쌓은 흙집이다. 외벽은 벽회를 발랐고 방안 천장을 만들고 벽에 도배를 하였다. 2간방은 가운데 칸막이를 지르고 뒷면에는 각각 벽장을 넣었으며, 세창살 여닫이 쌍문을 달고 각방의 측면에 외문을 내었다. 방문을 열면 전면에는 조금 넓은 마루, 좌우에도 반간 정도씩 마루를 달았다. 초당 우측에 아궁이를 내어 두 방에 군불이 들어갈 수 있도록 하고 나무 기둥을 세워 거적을 올려 비바람을 막았다."

소태산은 이 집을 석두암石頭庵이라 이름 하고 이 때부터 스스로를 '석두거사' 라 칭하게 된다. 초당 방문 위에는 백학명 선사가 써준 검은 판자 위에 흰색 글씨의 '석두암' 현판을 걸었다 하니, 이 건축 과정을 통해서 소태산과 학명선사의 깊은 교류와 우정을 다시 엿보게 된다.

박용덕 교무는 석두암을 교단 '최초의 조실祖室' 이라고 말한다. 이는 처음으로 소태산의 단독 거처가 생겼다는 의미다. 그러나 윗방(거북바위 쪽)은 소태산의 처소지만 아랫방은 남자들의 숙소로 사용하고, 설법을 듣거나 공부할 때는 가운데 미닫이 칸막이를 트고 대중의 집회장소가 되었으니 반듯한 조실이랄 수는 없을 터다.

아무튼 소태산이 기거한 이 최초의 조실 석두암은 이제 그 터만 남아 중생을 껴안고자 한 열망으로 가득 찬 30대 초반의 그 분의 삶을 아련하게 추억하게 한다.

불교 혁신의 산실

석두암이 완공되고, 승려들과의 교제가 많아지면서 소태산의 불교 연구도 더욱 활발해졌다. 이 때 소태산은 불교의 모든 교리와 제도, 예법 등을 일일이 청취하시고 정산을 비롯한 제자들과 더불어 새 회상의 첫 교서 초안을 위해 분망하신 끝에 드디어 최초의 교서 ≪조선불교혁신론≫과 ≪수양연구요론≫의 초안을 내 놓게 된다.

소태산은 대각 후 금강경을 보시고 무상대도無上大道인 불법에 연원을 댔으나, 변산에서 기성 불교의 제도와 교리의 실상을 접한 후로 불법의 시대화 · 생활화 · 대중화의 시급함을 느꼈던 것으로 이해된다. 모든 성현들이 시대를 따라 출현하는 이유는 바로 그 시대의 징표를 읽고 그 시대의 언어로 그 시대의 민중을 향하여 교화의 문을 열어야 하기 때문이다.

변산은 시대불이신 소태산의 불교 혁신의 메카다. 소태산은 ≪조선불교혁신론≫을 통해 무상대도인 불법의 본질을 회복시켜 후천개벽 시대의 주체적인 교법으로서의 불법의 위상을 다시 정립하고자 했다.

그 후 원기 20년에 완성된 ≪조선불교혁신론≫은 총론 7

개의 목차로 '①과거 조선사회에 대한 불법의 견해 ②조선 승려의 실생활 ③세존의 지혜와 능력 ④외방의 불교를 조선의 불교로 ⑤소수인의 불교를 대중의 불교로 ⑥분열된 교화과목을 통일하기로 ⑦등상불 숭배를 불성 일원상 숭배로' 라고 되어 있다. 이 내용들은 현재 ≪대종경≫ 서품 15장~19장에 수록되어 있지만 그 원문을 통해 소태산의 육성을 더욱 가깝게 들을 수 있다.

혁신론을 통해 본 소태산의 불교개혁 의지는 불법을 세상 속으로 이끌어내려는 불법의 시대화 · 생활화 · 대중화에 있다. 이것은 곧 원불교의 사명이자 정체성이기도 하다. 그러나 원기 백년을 앞둔 오늘 날 우리는 소태산의 불교개혁에 대한 이 같은 언명을 과연 제대로 실천하고 있는 것인지 준엄하게 물어야 할 것이다.

변산성지 노루귀

산부처
불공법이 메아리치는 곳

실상사의 복원

노부부의 실지불공

격외설과 견성인가(見性印可)

소태산의 불교혁신은 신앙의 대상에서부터
과감하게 드러난다.
금산사에서 일원상을 그리며
진리의 상징을 구상한 소태산은
변산 시절 이를 더욱 구체화 시킨 것으로 보인다.
변산에서 초안된 〈조선불교 혁신론〉에 이미
등상불 신앙을 폐지하고
우주만물 허공법계를 다 부처로 모셔야 된다는
'처처불상 사사불공'의 사상이 잘 나타나 있다.

실상사의 복원

요즘 실상사가 옛 명성을 되찾기 위해 복원불사에 심혈을 기울이고 있다.

실상사는 통일신라시대에 초의선사草依禪師가 창건한 사찰로, 내소사 · 개암사 · 청림사와 더불어 변산의 4대 명찰 중에서도 여러 사찰을 총괄할 만큼 규모가 컸으나 안타깝게도 6.25 전란 때 불타버린 후 오래도록 빈 터만 숲에 묻혀 있었다. 그러다 몇 년 전부터 미륵전과 산신각에 이어 지금 대대적인 복원 불사를 계획하고 있는 중이다.

서해안 시대가 열리고 새만금 프로잭트가 가시화되면서 수려한 경관을 자랑하는 내변산의 제법성지와 실상사 주변 등산로는 이제 매주 산을 오르내리는 사람들이 4~5천명에 이르는 명소가 되었다.

워낙 산새가 빼어난 곳이라 험산구곡에도 불구하고 옛부터 많은 사람들이 즐겨 찾던 곳이었지만, 순환도로가 뚫리고 교통이 편리해지면서 내변산은 점점 수많은 사람들의 휴식공간이자 재충전의 허파로 부상하고 있다. 그런 만큼 실상사 복원은 서해안 시대의 새로운 의미로 다가온다.

제법성지 또한 이러한 시대적 흐름에 부응할 수 있도록

성적지 매입 등 풀어야 할 과제에 좀 더 적극적인 교단적 관심과 대처방안이 요구되지만 현장에서는 늘 안타깝기만 하다. 실상사 복원은 우리에게도 퍽 고무적인 일이다. 성지와 가까운 이웃 사찰이기도하지만 실상사 또한 소태산의 말씀과 자취가 어려 있는 소중한 성적지 영역이기 때문이다.

말을 듣지 않는 상좌승을 꾸짖는 두 노승에게 인장바위 예화를 통해 상좌승의 제도방법을 일러준 대종경 실시품 2장의 법문은 소태산이 실상사에 갔다가 설한 내용이다.

소태산이 봉래정사에 계시는 동안 실상사 주지는 한만허 선사였다. 만허선사는 월명암의 학명 선사와 한 스승 밑에서 공부한 법형제로, 실상사는 두 선사와 소태산이 오가며 선문답을 주고받던 교류의 장이다.

노부부의 실지불공

소태산의 불교혁신은 신앙의 대상에서부터 과감하게 드러난다. 금산사에서 일원상을 그리며 진리의 상징을 구상한

실상사 전경

소태산은 변산 시절 이를 더욱 구체화 시킨 것으로 보인다. 물론 일원상이 교강과 더불어 당시 교법으로 제정 발표 되지는 않았지만, 변산에서 초안된 〈조선불교 혁신론〉에 이미 등상불 신앙을 폐지하고 우주만물 허공법계를 다 부처로 모셔야 된다는 '처처불상 사사불공' 의 사상이 나타나고 있음이다.

교의품 15장 불효하는 며느리에 대한 노부부의 실지불공 법문 역시 기존의 등상불 신앙에서 우주만물 허공법계를 다 부처로 보는 처처불상 신앙의 구체적인 실화요, 죄복의 직접 권능이 있는 당처불에 대한 실지불공의 실제를 보여주고 있다.

이 법문은 원불교의 여러 예술적 장르, 즉 그림이나 문학, 성극 등의 모티브와 소재로 많이 사용되고 있는 친근하고 스토리텔링한 자료이기도 하다. 〈대종경〉 원문에는 불과 500여자로 내용이 함축되어 있지만, '설통 제일' 인 공타원 조전권 종사의 설교 자료를 녹취하여 그를 바탕으로 재구성한 박용덕 교무의 꽤 맛깔스런 대화체 문장은(초기교단사 2권 94~97쪽) 마치 법문을 한편의 연극이나 드라마 장면으로 보는 듯 생생하다.

"변산 근방에 박 주사라 불리는 노인이 살았다. 하루는 박 주사가 실상사에 불공하러 가는데 석두거사가 이를 알아보고 물었다.

"노인장 어딜 가십니까?"

"우리 며느리가 어찌나 불순하게 하는지 실상사 절로 며느리 화해 불공하러 갑니다."

노인의 넋두리를 묵묵히 듣고 난 뒤 이윽고 거사가 물었다.

"그래 꼭 실상사 부처님만 부처로 알고 불공을 가면서 자기가 가장 가깝게 하고 있는 며느리 생부처님은 모르는가요?"

노부부는 무슨 뜻인지 몰라 되물었다.

"생불이 어디 있소?"

"데리고 있는 며느리가 바로 생불이지요. 그러니 그 불공비용으로 며느리에게 불공을 해봐요."

지금도 봉래정사 길목에 서면 뜨락을 거닐던 소태산이 불공드릴 짐을 이고지고 비틀비틀 걸어오고 있는 노부부를 만나 인사를 건네며 그의 자초지종 얘기를 듣고 "그대 자부가 산부처이니 먼저 그 부처에게 불공하라"고 얘기하시는 모습이 생생한 풍경으로 다가온다.

격외설과 견성인가 見性印可

수양 차 은거 중에도 교법과 초기교서인 ≪수양연구요론≫ 등을 초안하고, 제자들에게 주로 관심입정과 견성성불의 법을 설하며 석두거사로 지낸 변산 시절의 소태산의 삶은 어쩌면 그 자체가 바로 성리적性理的이었다 할 것이다. 당시 소태산은 불교의 선사들과 격외설을 논하며 많은 선화禪話와 성리법문을 남기게 된다.

≪대종경≫ 성리품 18장 역시 봉래정사에서 백학명 선사와 성리설을 즐기던 중 있었던 선화다.

소태산이 13세의 어린 제자 이청풍에게 몇 말씀 이른 뒤 봉래정사를 방문한 학명 선사를 맞으며 "방아 찧고 있는 청풍이가 도가 익어간다"고 하자 학명 선사 청풍에게 "발을 옮기지 말고 도를 일러오라" 하니 청풍이 서서 절굿대를 공중으로 쳐든다. 또 "벽에 걸린 달마를 걸려보라"고 하니 청풍이 일어나서 서너 걸음 걷자, 선사가 무릎을 치며 '십삼세각十三歲覺'이라고 견성을 허락하므로 이 광경을 본 소태산은 "견성하는 것이 말에 있지도 아니하고 없지도 아니하나, 앞으로는 그런 방식을 가지고는 견성 인가를 내리지 못한다"고 하였다.

소태산은 성리의 형상 없는 면, 즉 진리의 체體를 중심으로 한 격외설의 한계를 직시하고 경계한 것이다. 이는 격외의 논리를 부정한 것이 아니고, 새로운 시대의 불법은 격외적 논리 초월만이 능사가 아니라 성리의 세계를 논리적으로도 능히 표현할 수 있어야 한다는 얘기다.

한종만 교수는 저서 ≪원불교 대종경 해의≫에서 이 부분을 "당시 변산의 제자들이 격외선에 대해 관심이 많았다. 그래서 성리연마를 체體를 중심으로 하고 있었다. 그것이 성리의 깊은 경지라고 알고 있었다. 그러나 앞으로는 성리의 용用까지도 밝히는 성리 연마가 되어야 하고 견성인가도 용까지 보아야 한다."는 뜻으로 풀이한다.

지금 제법성지는 온통 눈부신 초록빛이다. 법 생일 아흔한 돌, 그 푸른 숲에서 선포한 원음의 향기가 이 산하에 다시 메아리쳐 온다.

인장바위에서 바라본 실상사지 | 사진 이규식

돌이 되어 물소리를 듣네!

봉래구곡(蓬來九曲)

무이구곡(武夷九曲)과 소태산의 메시지

돌이 서서 물소리를 듣네!

"변산구곡로邊山九曲路에 석립청수성石立聽水聲이라
무무역무무無無亦無無요 비비역비비非非亦非非라"
소태산은 봉래정사에서 제자들에게
이 글 한 수를 써주시며
"이 뜻을 알면 곧 도를 깨닫는 사람이라"하였다.

봉래구곡 蓬來九曲

오랜 가뭄 끝에 6월의 목마른 숲을 적시며 세차게 내리는 단비가 가슴까지 시원하다. 서산마루에 걸린 붉디붉은 해가 들녘을 태울 듯이 기염을 토하더니 아랫녘 장마가 이제야 남부능선을 넘었나 보다.

비는 어디에서 머물다가 내리는 것일까?

깡마른 건천 내변산 골짜기에도 드디어 콸콸 물소리가 우렁차게 퍼진다. 가슴이 타고 숨이 막혀 비틀거리면서도 생명줄 놓지 않고 견뎌낸 저 흙먼지 속 가여운 목숨들이 환희의 얼굴로 비를 맞고 있다.

이 장맛비가 내리고 나면 실뱀처럼 가늘어졌던 직소폭포도 포효하는 호랑이처럼 쩌렁거려 산신령도 기가 죽었다하던 그 위용을 다시 보여줄 수 있을 것이다. 봉래구곡의 물줄기도 한결 또랑또랑해졌다.

봉래구곡은 해발 150여m에 위치한 암반을 흐르는 잔잔한 연못 제1곡 대소를 시발점으로 한다. 흐르는 물줄기는 제2곡인 직소폭포에서 굉음을 지르며 포효하다가, 휘몰아치는 폭포수 물살이 하얀 포말을 일으키며 소를 이룬 제3곡 분옥담을 지난다. 물줄기는 푸른 정화수 속에 선녀가 목욕을 하였다는 제4곡 선녀탕을 맴돌다 드디어 제5 봉래곡에 이른다.

천왕봉을 뒤로한 봉래곡은 넓은 반석아래 작은 웅덩이를 만들고 머무는 듯 넘나들며 소를 이룬 곳으로, 언제부턴가 봉래구곡의 대표적인 이름이 되었다. 그 넉넉한 바위와 물소리와 산경이 구곡 중 가장 아름다워서일까? 태인 사람 동초 김석곤 선생이 썼다는 '봉래구곡' 이라는 글씨가 넓은 암반위에 새겨져 있듯이 사람들은 흔히 5곡을 일러 봉래구곡이라 지칭한다.

그러나 봉래곡은 이내 푸른 물이 산 그림자를 머금고 있는 제6곡 금강소를 지나, 월명암 시주승이 산등성이를 올라가는 모습이 연못에 비친다하여 영지못影池沼으로 불리어진 제7곡에 이른다. 그리고 내변산의 모든 물이 하나로 합수되는 제8곡 백천내와, 마지막 9곡인 암지暗池에 도달한다. 백천내와 암지는 지금 부안 댐 상류가 되어 물속에 잠겨있다. 종종 물이 빠지면 십여 년 전만 해도 사람들이 왕래하던 백천내 다리와 오솔길이 드러나 산길을 걸어걸어 제법성지를 오가던 추억이 물에 어리곤 한다.

이렇듯 변산구곡을 장황하게 늘어놓는 것은 필시 소태산께서 대소에서 암지까지 장천의 물길을 따라 걸으며 산경과 더불어 깊은 사유의 시간을 보내셨을 거라고 짐작해보기 때문이다.

무이구곡 武夷九曲과 소태산의 메시지

소태산이 변산에 입산하여 잠시 월명암에 머물던 무렵 영광의 제자들에게 주자의 〈무이구곡가〉 10수 중 서곡인 "무위산 아래 선경이 있네. 산 아래 차가운 물이 골마다 맑게 흐른다. 그 가운데 절경을 알고 싶으면 노 젓는 소리 들리는 곳을 살펴보아라."라는 시를 써서 보낸다.

무이산은 중국의 복건성과 강서성의 경계에 있는 산으로, '인간선경' 으로 불리는 〈무이구곡〉과 주자가 제자들을 가르치며 보낸 〈무이정사〉가 있는 곳이다. 〈무이구곡가〉는 주자가 무이구곡의 비경를 찬탄하여 지은 시다. 조선의 유학자들은 이 시를 읊으며 주자를 흠모하고, 이를 본 따 '고산구곡', '화양구곡' 등 조선의 경치 좋은 계곡의 이름을 지었다. 따라서 구곡이란 경치가 매우 아름다운 곳을 일컫는 말로, 〈봉래구곡〉 역시 그만큼 경치가 빼어나다는 것을 말해준다.

소태산은 변산에 계시는 동안 〈무이구곡가〉를 즐겨 읊고 제자들에게도 권했다고 한다. 소태산이 이 시를 영광의 제자들에게 써 보낸 것은 봉래구곡에서 지내고 있는 당신의 마음을 전한 것으로 보인다. 즉 〈무이구곡가〉에 실어 보낸 봉래구곡의 선경 소식은 장차 열린 세상, 밝은 세상, 무이구곡처럼 살기 좋은 아름다운 용화회상이 올 것을 전망하는 하나의 메타포요, 스승을 뵙고 싶어 하는 영광의 제자들에게 그 세상을 건설하고 맞이할 준비를 하자고 전하는 희망의 메시지라고 봐야 할 것이다. 손정윤 교무의 〈허공을 삼켜라〉 참조

돌이 서서 물소리를 듣네!

봉래구곡의 대명사로 불리는 제 5곡은 봉래정사에서 직소폭포를 향해 약 5백 미터쯤 오르는 길 우측에 있다. 천황

봉 아래 넓은 암반과 산경이 아름다운 이 계곡은 새로운 시대를 꿈꾸며 조선 팔도를 돌던 태조 이성계가 변산 청림리 어수대에서 물을 길어다 천황봉을 향해 기도를 올렸다는 전설이 깃든 곳으로, 예부터 많은 시인 묵객들이 찾아와 풍류를 즐겼다고 전한다.

소태산의 법설 ≪대종경≫ 성리품 11장도 바로 이곳을 배경으로 하고 있다. "변산구곡로邊山九曲路에 석립청수성石立聽水聲이라 무무역무무無無亦無無요 비비역비비非非亦非非라" "변산 아홉 굽이 길에 돌이 서서 물소리를 듣더라. 없고 없다하는 것도 또한 없고 없으며, 아니고 아니라 하는 것도 또한 아니고 아니로다." 소태산은 봉래정사에서 제자들에게 이 글 한 수를 써주시며 "이 뜻을 알면 곧 도를 깨닫는 사람이라"하였다. 무이구곡에 비유한 아름다운 용화회상은 결국 이 성리 소식을 깨달아야 들어갈 수 있는 곳이 아닌가!

소태산은 자주 이 계곡을 찾아 흐르는 물소리에 물아일여物我一如의 선경에 들곤 했으리라. 그 물소리는 오늘도 여전히 바위웅덩이를 지나 쏴아아 쏴아아~ 흐르고 있다.

누구라도 홀연히 이 암반 위에 앉아 흐르는 물소리에 심신을 내어 맡기면 이내 내가 돌이 되고 돌이 내가 되어 너와 나의 구분이 사라지는 체험을 잠시나마 하게 된다. 그 순간

무무역무무 비비역비비의 소식이 온 몸으로 느껴진다. 모든 분별이 사라져 버린, 그래서 텅 비어 충만한 순간 돌이 물소리를 듣는다.

요즘 교단 100 주년을 앞두고 성리에 대한 관심이 고조되고 있어 고무적인 일이다. 사실 그동안은 말로써 이를 수 없는 성리에 대해 말하는 것을 금기시해 온 경향이 없지 않았다. 그러나 또한 성리가 양성화되고 대중의 관심이 많아졌다 해서 그 경지를 쉽게 체득할 수 있는 것은 아닐 터. 자칫 한갓 해설과 논리로 성리를 다 아는 척 착각할 수 있음을 경계하며 "사량으로 이 자리를 알아내려말고 관조로써 이 자리를 깨쳐 얻으라." 고 부촉한 소태산의 말씀을 깊이 새겨야 할 것이다.

이곳 제법성지 순례의 백미는 봉래구곡의 돌이 되어 물소리를 듣는 것이다. 성지를 순례한다면 결코 놓치지 말기 바란다.

봉래곡

변산이 드러날 때
천불만성이 난다

소태산과 山

도학골과 이 진사 이야기

날이 갈수록 성리에 대한 관심과 갈망이 깊어지고,
도학골을 찾는 새 회상의 도꾼들이
늘어나는 것을 보며,
"변산이 노출될 때 천불만성이 난다"
"변산 바위가 드러날 때 콩 튀듯이 도인이 나온다"한
소태산의 예언을 다시 새겨보게 된다.

소태산과 山

산이로구나 산이로구나
충암절벽 산이로구나
천봉만학 좌우 산천
우뚝 솟아 높아 있고
물은 흘러 대해로다
일 년 삼백 육십 일에
사시절이 돌아와서
산도 또한 산이 되고
물도 또한 물이 되어
천지 만물 되었도다
이런 산수 어쩌다가 있었던고
내 아니면 이런 산수 있을소냐.

위 내용은 소태산이 대각의 절정에서 느낀 기쁨과 희열을 산수절경에 비유하여 예찬한 〈탄식가〉 중 일부다.

산山은 소태산과 인연이 깊다. 소태산은 당신의 호를 스스로 '소태산' 혹은 '해중산'이라 하고, 아홉 제자들에게도 산山자 항렬의 법호를 내렸다. 뿐만 아니라 소태산의 탄생지이자 대각을 통해 교문을 연 근원성지는 영산이요, 교법을 초안한 제법성지는 변산이며, 전법성지 또한 익산이 아닌가.

소태산에게 산山은 어떤 의미일까?

"산은 힘의 상징으로 법력을 뜻한다. 숨어서 오래오래 적공하여 음부계에 인증을 얻어 양계에 드러난 것이 산이다.

그래서 박중빈은 다생겁래에 적공하여 대각을 하고 스스로 '소태산'이라 하였고, 창생을 위해 사무여한 정성으로 무아봉공의 경지에 이른 공인에게 법계인증의 의미로 산山을 주었다. 산의 주인은 금강의 도리를 깨쳐서 활용하는 각자覺者이며 제중할 능력을 갖춘 법사"라고 박용덕 교무는 말한다. 〈금강산의 주인되라〉 참조 백학명 선사는 소태산을 "하늘을 뚫는 절정의 산이여! 透天山絕頂" 라고 노래하지 않았던가! 후천개벽의 여래로 오신 소태산의 그 인품과 법력의 깊이를 어찌 감히 사량으로 헤아릴 수 있을까.

성지에서 첩첩이 층암절벽을 이룬 내변산의 산경을 보고 있으면 〈탄식가〉의 위 구절이 떠오르곤 한다. 물동이로 쏟아 붓듯 퍼붓던 지난 장맛비에 여러 곳이 많은 피해를 입어 안타까웠지만 이곳 실상동 계곡은 사방이 크고 작은 하얀 폭포들로 장관을 이루고 골골이 물안개가 피어나 그대로가 선경이었다.

쏟아지는 빗속에서 석두암 터에 오르니 스승님은 오늘도 내게 '만법귀일'의 소식을 묻고 계신다. 아마 그 해 여름도 큰비가 내린 모양이다. 그리고 지금처럼 층암절벽 위에서 떨어지는 폭포와 사방 산골에서 흐르는 물줄기가 장관을 이루고, 그 광경을 한참 동안 보시던 스승은 "저 여러 골짜기에서 흐르는 물이 지금은 그 갈래가 비록 다르나 마침내 한 곳으로 모아지리니 만법귀일萬法歸一의 소식도 또한 이와 같다."고 하셨다. 〈대종경 성리품〉 10장

이 산중 풍경은 그대로가 우주법계의 소식을 여실히 보여주고 있다. 그럼에도 불구하고 우리는 여전히 눈멀어 깜깜한 어둠속에 있는 것이다. 이제 우리가 산이고자 할진데 그 자리를 스스로 깨쳐 아는 길 밖에는 도리가 없지 않겠는가.

도학골과 이 진사 이야기

제법성지 맞은 편에 보이는 골짜기는 바로 이 진사가 도를 이루었다는 도학골이다. 선진들에 의하면 이 진사 이야

기는 소태산께서 평소 자주 사용하던 예화라고 한다.

이 진사라는 사람은 본시 부안 줄포리에 살았던 유학자로서 불교에 대해 탐탁지 않게 생각하던 사람이었다. 그런 그가 어느 봄날 화전놀이를 다녀오다 비를 만나 내소사 법당 처마 밑에서 비를 피하게 된다. 그 때 안에서 〈대방광불화엄경〉을 읽는 소리가 들리니 그가 "대방광불화엄경이 다 뭐야" 하고 빈정거렸다.

그런데 비가 그치고 집에 돌아온 이 진사는 낮잠을 자다가 머슴들의 장작 패는 소리에 그만 까무러치고 말았다. 식구들은 그가 죽었다고 울고불고 야단이었다.

죽은 이 진사가 어느 길을 가다가 신선 둘이서 바둑을 두고, 또 한 명은 옆에서 훈수를 두는 것을 보았다. 이 진사는 그 모습이 어찌나 좋은지 "나도 당장 저런 옷을 입고 바둑이나 두었으면 좋겠다"고 하니 그때 마침 흰 도포차림의 신선이 옷을 벗어 이 진사에게 건네며 자기 대신 바둑을 두라고 하였다. 이 진사가 좋아서 얼른 그 옷을 받아 걸치려고 하는 순간 공중에서 "대방광불화엄경 한 번만 외워도 축생보에 떨어지지 않거늘 너는 어찌 축생의 가죽을 둘러쓰려고 하느냐"고 외치는 소리가 들렸다. 그 소리에 깜짝 놀란 이 진사가 깨어나 보니 자기가 죽었다고 가족들이 곡을 하고 있었다. 다시 살아난 이 진사가 생각되는 바가 있어 집안을 살펴보니 마침 강아지 세 마리가 방금 태어났는데 흰 강아지 한 마리가 죽어있었다. 이것을 본 이 진사는 불법을 무시한 자신의 잘못을 사죄하며 그 길로 출가를 단행, 바로 내변산 도학골로 들어간다. 후에 이 진사의 부인과 자녀들이 물어물어 도학골을 찾아오지만 그 소식을 듣고 이 진사는 가족을 만날 수 없는 더 깊은 산속으로 들어가 마침내 도를 이루었다고 한다.

아마도 이 전설 때문에 이곳이 도학골로 불리고 있는 것은 아닐까? 그러나 이는 어쩌면 예부터 많은 도꾼들이 찾아와 목숨을 걸고 공부했다는 내변산에 대한 상징적인 설화인지도 모른다. 그만큼 변산은 영적인 땅이라는 것을 알 수 있다. 소태산은 이 도학골을 바라보며 도를 말하고 도의 길을 설하셨다.

이번 제법성지 원광선원에서 열린 제 4회 성리훈련은 숙소관계로 안타깝지만 많은 선객들을 제한해야 했다. 날이 갈수록 성리에 대한 관심과 갈망이 깊어지고, 도학골을 찾는 새 회상의 도꾼들이 늘어나는 것을 보며, "변산이 노출될 때 천불만성이 난다" "변산 바위가 드러날 때 콩 튀듯이 도인이 나온다"한 소태산의 예언을 다시 새겨보게 된다.

석두암 터에서 바라본 도학골

직소폭포

인장바위와 제도 방편

성지의 9월

인장바위와 소태산의 제도 방편

용두샘과 깨진 차탕기

참선을 하지 않는 제자를
크게 나무라는 노승들의 하소연을 듣고
소태산은 앞의 인장바위를 가리키며
“제가 지금 스님들께 저 인장바위 속에
금이 들어있으니 금을 채굴하라면 제 말을 믿고
인장바위를 부수고 금을 채굴하겠습니까?” 라고
묻는다.

성지의 9월

연일 물폭탄을 퍼붓던 여름이 마치 아무 일 없었다는 듯 급행열차를 타고 홀연히 떠나간다. 바람의 향기가 사뭇 달라졌다. 그 사이 숲속엔 노란 마타리 꽃이 긴 목을 내밀고, 계절이 지나가는 길목은 고향으로 돌아가려는 목숨들이 바쁘게 씨앗을 준비하고 있다.

뽑고 뽑아내도 어느 틈에 다시 자라고, 씻겨 내린 토사로 뿌리까지 드러나 겨우 목숨을 부지한 채로 열매를 맺고 있는 잡초들이 처연하다. 생명이란 한없이 나약하면서도 또한 한없이 강하고 질긴 것을, 그래서 살아남으려고 안간힘 쓰는 저 풀 한 포기가 가엾고 때론 그 질긴 생명력 앞에 경외심마저 느끼게 된다. 9월의 문턱에 선 제법성지에는 한 발 앞서 가을이 다가온 듯 석두암의 느티나무로부터 지친 초록 너머로 벌써 갈색 빛깔이 돌고 있다.

9월(원기 6년)은 석두암을 준공한 달이다. 김남천 · 송적벽의 발의로 시작한 석두암 초당을 2개월 만에 완공하고 소태산은 거처를 실상초당에서 석두암으로 옮긴다. 소태산은 이곳에서 새로 초안된 교강과 교서를 여러 사람에게 근기따라 시험하며 교도들의 정법의 이해 정도를 파악하는 시간을 가진다. 그리고 점점 불어나는 교도들의 관리를 위해 10인 1단의 조단교화組團敎化를 처음 시도해 본다.

변산 시절 소태산은 '모든 이로 하여금 바로 대도에 들게 하는 원만하고 간명한' 교법을 짜기 위해 이렇게 대중에게 법의 이해 정도를 끊임없이 실험하며 고심했음을 역사의 행간에서 자주 느끼게 된다.

인장바위와 소태산의 제도 방편

제법성지를 찾는 순례객들은 성지 앞에 마주보이는 인장바위를 향해 엄지손가락을 치켜세우고 '대종사님!' 을 외치며 지장을 찍곤 한다. 그러면 그 우람한 바위가 엄지손가락 하나로 충분히 가려져서 마치 심인心印이라도 찍은 듯 결연한 표정들이다.

도장처럼 생겼다하여 '인장바위' 라 부르는가 하면 일명 코끼리를 닮았다하여 '코끼리바위' 로 불리기도 하는 이 바위는 언제나 성지를 든든히 수호하고 있는 호위무사처럼 느껴지기도 하고, 혹은 성지를 향해 묵묵히 경배하고 있는 한 수행자 같기도 하다. 이렇게 다양한 얼굴을 가진 인장바위야말로 소태산의 포부와 새회상 교법의 태동을 그대로 지켜본 산 증인이 아닌가. 물론 그곳의 변함없는 산천과 함께 말이다. 그래서 거기 진리인증의 징표처럼 서 있는 그 바위를 우리는 제법성지에 포함시켜 생각한다.

소태산은 이 인장바위를 통해 선승의 제도 방편을 깨우치는 비유 설법(실시품 2장)을 길어 올린다. 참선을 하지 않는 제자를 크게 나무라는 노승들(학명과 만허 두 스님이라고 함)의 하소연을 듣고 소태산은 앞의 인장바위를 가리키며 "제가 지금 스님들께 저 인장바위 속에 금이 들어있으니 금을 채굴하라면 제 말을 믿고 인장바위를 부수고 금을 채굴 하겠습니까?" 라고 묻는다. 그렇게 할 수 없다고 답하는 선승들에게 소태산은 두 가지 의미로 그들의 고정된 사고를 깨트리며 참된 제도의 방편을 전해주게 된다.

첫째는 "확신도 없는데 강제 채굴을 권하면 금을 채굴할 수 없듯이 참선에 대한 취미도 모르고 발원도 없는 상좌에게 억지로 참선을 권하는 것은 오히려 그로 하여금 영영 참선을 못하게 하는 것과 같다" 하심이며, 또 하나는 '바위 속에 금을 내가 먼저 채굴하여 잘 활용하면 그것을 보고 그 사

인장바위

람도 스스로 금을 채굴하여 쓸 것이니 먼저 실행하여 모범을 보이는 것' 이 제도의 마땅한 방편이라는 말씀이다. 송도성은 이 법문 마지막에 "참으로 광대무량합니다. 선생의 제도하는 방법이여!" 라고 감탄한 두 노승의 말을 기록하고 있다. 〈월말통신〉 30호 '제도하는 법'

소태산의 제도 방편의 핵심은 곧 남의 원 없는 일을 강제로 권하지 말고 자기 할 일만 할 것이며, 내가 먼저 솔선수범으로 실행하여 상대가 스스로 깨우치도록 하는 법이다. 이 같은 소태산의 제도 방편 사상은 〈솔성요론〉 15조에도 잘 나타나 있다.

인장바위를 보며 우리는 소태산의 사람을 제도하는 방편에 대해서 묵상해 본다. 종교란 결국 그 교리나 교의가 말과 뜻에 있지 아니하고 그 가르침을 스스로 실천하는 데에 의미가 있으며 가치가 드러난다는 것을 다시 인식하게 된다. 따라서 원기 백년, 우리들의 핵심과제인 교화대불공도 실천을 통하여 내가 먼저 바로 서는 것이 교화의 제 1칙이라고 할 수 있을 것이다. 이제 인장바위 앞에서 우리는 말에 앞서 소태산의 가르침을 생활 속에서 얼마나 실천하고 있는지, 자신의 신앙의 진정성에 대해서 물으며 다짐의 심인을 찍어 보는 것은 어떨까!

용두샘과 깨진 차탕기

'용두샘' 하면 동화처럼 떠오르는 아름다운 이야기가 있다. 주산 송도성 종사가 16세에 형인 정산 종사의 인도로 변산에 들어와 스승의 시봉을 전담할 때다.

하루는 아침 식사 후 스승에게 차를 올리고 난 도성이 차 그릇을 씻기 위해 용두샘으로 들고 나갔다. 그런데 한나절이 지나도록 들어오지 않는지라 스승은 궁금하여 샘가로 나가본다. 그 때 도성이 우물가에서 차 탕기를 잡고 실심하여 앉아있는 것을 보고 스승은 "왜 그러고 있느냐"고 물었다. 도성은 "사부주님, 제가 부주의해서 차 탕기 꼭지가 떨어져 나갔습니다. 그래서…." 라고 이실직고 하며 몸 둘 바를 몰라 했다. 스승은 그런 제자에게 "이미 깨진 걸 어쩔 것이냐. 실수로 깨뜨렸으니 앞으로 조심하기로 하고 그만 들어오너라" 고 한다.

이후 소태산은 제자들에게 무슨 일을 당부할 때면 이렇게 매사에 정성스럽고 진지했던 도성의 이야기를 곧 잘 비유하며 "도성이 깨진 그릇 붙이듯 하라"고 말씀하셨다. 용두샘 우물가에서 깨진 차 탕기를 이리 맞추고 저리 맞추며 안절부절 애를 태우고 있는 소년 주산의 순진무구한 모습이 떠오른다.

또 용두샘은 도성이 스승의 식사를 위해 고개를 절래절래 저으며 쌀을 씻던 곳이기도 하다. 도성의 이런 모습을 보고 당시 꽃발신심이 충천하던 정세월 선진은 도인을 닮아가기 위해 집에 돌아가서도 그렇게 머리를 흔들며 쌀을 씻었다는 일화가 전해지고 있다.

일원대도 비에서 100m터쯤 떨어진 곳에 있는 용두샘은 소태산 당대에 사용하던 유일한 우물이었다. 그러나 지금은 관리가 어려워 식수로 사용하지 못하고 성지 기도실에서 허드레 물로 간간히 쓰고 있다.

언젠가 이곳이 성역화 되는 날, 용두샘은 다시 맑고 깨끗한 영혼의 샘물이 되어 우리들의 목을 축여줄 것이다. 동화처럼 아름다운 선진들의 이야기와 함께….

변산성지 노랑 아기붓꽃

소태산의
변산 노정을 따라서

곰소, 그 전설의 길

종곡마을 이춘풍가

줄포 장 구경

소태산의 변산 노정은 뱃길이 끊기면 육로로
흥덕 · 줄포를 경유하여 내변산에 이르게 된다.
당시 줄포는 군산항과 더불어 양대 항구로
발전하고 있던 만큼 장도 꽤 컸을 것으로 짐작된다.
소태산은 종종 경유지인 줄포의 장 구경을 하며
민초들이 살아가는 모습과 시대의 동향을
살폈을 것이다.

곰소, 그 전설의 길

제법 칼칼해진 바람결에 가을이 깊어 가고, 변산은 지금 가는 곳 마다 삼색이 어우러진 코스모스와 하얀 구절초, 그리고 햇빛과 몸을 섞으며 눈부시게 흔들리는 억새꽃이 한창이다. 내변산에서 바디재를 넘어 반계 선생의 유적지인 우반동 마을을 지나 곰소로 향한다. 오늘 우리는 잘 포장된 이 길을 자동차로 달리고 있지만, 90년 전 소태산의 여정은 손수 삼은 짚신을 신고 꼬불꼬불한 비포장 오솔길을 돌부리에 체이며 내쳐 걸어 곰소에 닿았을 것이다.

'곰소' 라는 지명은 거꾸로 부르면 '소곰' 이 된다. 옛날에 할머니들이 소금을 "소곰 소곰"하던 기억이 난다. 그랬다. '곰소' 는 심마니들이 사용하던 은어로, '소금' 을 일컫는 말에서 유래된 지명이라고 한다. 이는 곧 곰소가 천일염의 생산지인 것을 말해주고 있다.

곰소에 들어서자 짭짜름하고 비릿한 젓갈 냄새가 코를 찌른다. 온통 젓갈집이 즐비한 시장 골목은 김장철이 머지않아서인지 벌써부터 사람들로 북적대고 있다. 최근 새만금 시대가 열리면서 천일염 생산과 각종 젓갈시장이 활발하게 형성되고 있는 곰소는 서해안의 명소로 주목받고 있다.

소태산의 변산 노정에서 중간 경유지인 곰소는 소태산의 전설 같은 일화들이 많이 전해지는 곳이다. 특히 '곰소의 소복여인' 은 그 주인공이 법성포에서 큰 여관과 음식점을 하던 나씨 부인으로, 생전에 소태산의 인품에 감복하여 공양도 올리며 흠모한 바 있는 여인이다. 그러나 그는 얼굴은 미색이나 남을 농락하고 재물을 빼앗는 등 많은 죄를 지어 죽어서 금사망보를 받았다고 한다.

어느 달 밝은 가을 저녁이었다. 일산 선진이 소태산을 모시고 봉래정사로 가던 중 날이 저물어 곰소 여막에 하룻밤 묵고 있는데 웬 소복여인이 나타나 구슬프게 울었다. 소태산은 종이에 붓으로 글씨를 몇 자 적어 여인에게 주며 속히 떠나 목적지에 가서 펴보라고 했다. 여인이 나간 뒤 그 모습은 순식간에 사라지고 앞 논두렁 사이로 금사망보의 큰 짐승이 물결치듯 지나가는 것이 보였다. 그리고 그 여인은 목적지에 가서 수문에 머리를 찧고 죽어 그 몸을 벗고 제도를 받았다는 내용이다.

또 봉래정사에서 모친 환후 급보를 받고 일산과 팔산을 대동하고 곰소까지 바삐 걸었으나 날은 어두워지고 갈 길이 급하자 바다를 막대기로 치니 바닷물이 갈라졌다는 얘기며, 심원에서 곰소로 건너가는 나룻배를 기다리다 배는 안

오고 날이 저물자 스승은 제자에게 "정신을 바짝 차리고 내 발부리만 딛고 따라오라" 이르고 앞장서서 바닷물에 한 발을 내딛는 순간 바닷물이 갈라져 무사히 건너왔다는 이야기도 전해진다.

이런 이야기들은 구전되어 오는 동안 어느 정도 픽션이 가미 됐을 것이다. 그러나 소태산이 보여준 이적과 신통의 일화는 꽤 많다. 아마도 회상 초기에 부득이 필요한 방편이었을 것이다. 하지만 후일 소태산은 이적이나 신통에 대해서 '성현의 말변지사'라 내려치며 거기에 현혹되지 않도록 당부한다. 그렇지만 곰소에 어린 전설 같은 이 이야기들 속에서 우리는 소태산이 오고 가던 그 바다와 그 길의 풍경을 더듬어 가며 행간에 담긴 교훈을 새겨본다.

곰소항

종곡마을 이춘풍가

'봉래산인' 이라는 자호로 〈산중풍경〉을 지어 당시의 변산 풍경을 생생하게 기록한 경상도 김천 선비 훈산 이춘풍은 사도에 빠져 전라도 영광으로 이사 간 고모댁(정산종사 집안)을 모셔가기 위해 영광으로 갔다가 정산의 부친인 송벽조의 안내로 변산에 계신 소태산을 뵙고 제자가 되었다. 그 뒤 고향의 가산을 정리하고 원기 6년 음력 섣달에 가족들을 데리고 보안면 신복리 종곡마을(줄포 쪽에서 변산으로 들어오는 초입)로 이사 온다. 이후 이춘풍 사가는 봉래정사를 오가는 소태산과 그 제자들이 하룻밤 묵는 숙소요 쉼터 역할을 하게 된다. 또한 이곳은 훈산의 두 딸인 항타원 이경순과 달타원 이정화 선진이 어린 시절 오며가며 간간이 들리시는 소태산 할아버지(이춘풍은 나이가 연상이나 대종사를 사부라 불렀음)와 성리이야기를 주고받으며 훈증과 귀여움을 받고 자란 곳이기도 하다.

이렇게 소태산의 발길이 머물고 선진들의 이야기가 담긴 종곡 이춘풍가는 지금 옛 자취를 찾을 길 없다. 새 집과 새 주인으로 바뀐 지 오래다. 집주인이 낡은 초가집 사진을 보여준다. 그는 처음 그 집에서 조금 살다가 형편이 나아져 새

종곡마을 이춘풍가 터

집을 지었다며 집터가 좋은지 자식들도 잘되고 생활도 넉넉해졌다고 자랑이다. 어쩌면 그 사진 속의 낡은 초가집이 이춘풍가는 아닌지 짐작될 뿐 확인할 길은 없다. 교단에서는 그 집을 매입하려고 애썼지만 주인이 팔지 않자, 몇 년 전 그나마 다행스럽게도 그 옆집을 매입하여 놓았다.

언젠가는 이곳에 이춘풍가가 복원되어 스승님들이 오가며 머물던 것처럼 변산성지 순례의 아름다운 쉼터가 되는 날을 기대해 본다. 경순 · 정화 두 어린 자매가 소태산 할아버지와 도란도란 얘기하던 그 정경을 떠올리며….

종곡부락을 에워싼 황금들녘을 스치는 갯바람 속에는 방금 곰소나루를 건너온 그 분의 향기가 아직도 배어있다.

줄포 장 구경

대종사 영산에서 봉래정사에 돌아오사 여러 제자에게 말씀하시기를 "내가 오는 도중에 어느 장 구경을 하게 되었는데, 아침에 옹기장수는 옹기 한 짐을 지고 장에 오며, 또 어떤 사람은 지게만 지고 오더니, 그들이 돌아갈 때에는 옹기장수는 다 팔고 지게만 지고 가며, 지게만 지고 온 사람은 옹기를 사서 지고 가는데 두 사람이 다 만족한 기색이 엿보이더라…. ≪대종경≫ 교단품 22장은 바로 줄포 장을 배경으로 하고 있다.

소태산의 변산 노정은 뱃길이 끊기면 육로로 흥덕 · 줄포를 경유하여 내변산에 이르게 된다. 당시 줄포는 군산항과 더불어 양대 항구로 발전하고 있던 만큼 장도 꽤 컸을 것으로 짐작된다. 소태산은 종종 경유지인 줄포의 장 구경을 하며 민초들이 살아가는 모습과 시대의 동향을 살폈을 것이다. 당시 봉래정사에서 소태산을 시봉하던 오창건 · 김남천 · 문정규 등도 줄포 장에 나와 양식이며 생필품을 구하여 지게로 지어 나르곤 했다.

이러한 줄포가 지금은 아주 작은 시골로 변했다. 태평양전쟁이 한창일 무렵까지 일제가 호남평야의 쌀을 수탈해 가는 통로였던 줄포항은 치과병원과 은행이 있을 만큼 번성했으나 개펄이 메워져 수심이 낮아지자 폐항이 됐고, 그 영화를 곰소항에 넘겨주며 급격히 쇠락의 길을 걸은 것이다.

아직도 1일과 6일로 줄포 장이 서기는 하지만 이제 그 장에 옹기장수며 시끌벅적한 장꾼들은 보이지 않는다. 그래도

윗집 할머니는 그곳에 가서 튀밥을 튀고 기름을 짜온다. 쇠락한 그 장에서도 여전히 민초들은 상부상조하며 삶을 이어가고 있는 것이다.

변산성지 복수초

첫 수양처 월명암

허공 중천에 어린 맑은 기운 따라

부설 가족의 득도도량

제법성지의 모태 같은 곳

월명암은 한국불교의 성지중 하나요,
대둔산 태고사, 백양사 운문암과 더불어
호남의 3대 수도도량으로 꼽힌다.
그만큼 영적인 기운이 뛰어난 기도 도량이며,
수행자들의 깨달음의 도량으로 불리고 있다.
산 아래 멀리서 바라본 월명암은 그 풍경마저도
마치 선정에 든 수행자처럼 깊은 침묵 속에 묻혀있다.

허공 중천에
어린 맑은 기운 따라

기미년 3월 이 나라 조선 방방곡곡에서 독립만세 소리가 메아리칠 때, 영광 땅 길룡리에서는 새 회상의 초석이 될 방언공사가 마무리 되어가고 있었다. 이 무렵 소태산은 일경에 의하여 일주일 간 경찰서에 연행되는 수난을 겪으면서 잠시 고향을 떠날 결심을 한다. 이는 일제의 수난과 방언공사로 인한 피로해진 심신의 휴양 목적도 있지만 장차 새 회상 창립의 준비를 위한 속뜻이 더 컸다.

우연인지 필연인지는 알 수 없지만 소태산이 영광 땅에서 '산 첩첩 물 첩첩' 2백 여리나 떨어져 있는 변산의 허공중천에 어린 맑은 기운을 본 것은 이때쯤으로 짐작된다. 그리고 방언공사를 마친 소태산이 사산 오창건을 대동하고 수양처를 찾아 길을 떠나 처음으로 당도한 곳이 바로 월명암이었다. 후일 소태산은 월명암에 대해 대종경 천도품 25장에 "내가 어느 날 아침 영광에서 부안 변산 쪽을 바라보니 허공중천에 맑은 기운이 어리어 있는지라, 그 후 그곳에 가보았더니 월명암에 수도대중이 모여들어 선을 시작하였더라 …."고 얘기한다.

그렇게 소태산이 처음으로 고향을 떠나 당도한 첫 여정지요 수양처였던 월명암은 당시 선학계의 거장인 백학명 선사가 '봉래선원' 을 개원하여 크게 선풍을 불리고 있던 때다. 이곳에서 소태산은 약 십여 일간 머물며 같은 영광 출신(불갑사 근방 사람)이자 지기가 상통하는 학명 선사와 교류를 나누고 후일을 기약하며 하산하게 된다.

월명암은 한국불교의 성지중 하나요, 대둔산 태고사, 백양사 운문암과 더불어 호남의 3대 수도도량으로 꼽힌다. 그만큼 영적인 기운이 뛰어난 기도 도량이며, 수행자들의 깨달음의 도량으로 불리고 있다. 산 아래 멀리서 바라본 월명암은 그 풍경마저도 마치 선정에 든 수행자처럼 깊은 침묵속에 묻혀있다.

소태산은 2백 여리 먼 곳에서 월명암의 이런 영적인 기운을 본 것이다. 그리고 그 기운을 따라 찾아온 월명암은 필시 소태산과 한 생만의 인연은 아닌 듯 싶다. 변산이 예부터 불연 깊은 곳임은 물론, 소태산이 여래如來라고 인증하며 제자들에게 자주 애기했던 진묵대사가 이곳 낙조대에서 득도하고 임란 때 불타버린 월명암을 중건한 분이 아닌가. 또 소태산이 그런 진묵의 후신으로 회자되고 있는 것도 우연은 아닐 터다. 이러한 만남과 역사의 행간에서 많은걸 상상해볼

진대 변산은 소태산이 다생겁래로 왕래하던 필연의 땅이 분명하다.

부설 가족의 득도도량

부설거사, 그가 거둔 위대한 성취는 "금기를 깨는 용기가 아니라 식솔들을 모두 진급시켜 깨달음을 얻도록 했다"는 것이다.

만행을 나선 길에서 그로 인해 말문을 연 한 벙어리 여인의 애절한 청을 거절하지 못하고 출가수행자의 길을 포기한 채 그 여인과 가정을 이루고 남매를 낳아 생활하면서 가족 모두 치열하게 정진하여 깨달음을 얻었다는 부설가의 전설 같은 이야기는 월명암에 소장된 〈부설전〉을 통해 널리 알려진 바다.

이러한 전설과 함께 변산의 쌍선봉 아래 자리한 월명암은 1300년 전 통일신라 신문왕 때 부설거사에 의해 창건된 고찰이다. 임진왜란과 6. 25전란 등으로 소실되어 여러 차

례 중수하여 오늘에 이른 월명암은 학명·용성·행암·고암·해안 등 근대 불교의 걸출한 스님들이 정진 적공하던 도량으로, 여러 후학들과 선지식을 길러낸 호남 제일의 선문(봉래선원, 사성선원)이었다.

6. 25전란 직전 소실된 후 거의 폐허가 되어 수행자의 발길마저 뜸했던 월명암은 1956년 원경스님에 의해 다시 복원되고, 이어 최근 10여 년 간 현 주지인 천곡스님이 많은 불사를 이루며 옛 명성을 되찾고자 하고 있다. 그러나 아쉽게도 남루했지만 청정한 선기禪氣가 감돌던 옛 자취는 많이 사라져버렸다. 다만 그곳이 여전히 월명암 임을 증명이라도 하듯 마당에 전나무 한 그루가 지금도 늠름하게 서 있을 뿐이다.

30년 전, 제법성지 순례를 하며 들렀던 월명암에서는 두 분 스승님의 향기가 느껴지곤 했었다. 불경을 보지 말라 하신 스승의 말씀에 경상마저 외면한 그 순정한 제자가 머물던 거처와 외면한 그 경상이 어딘가에 있을 것만 같았던…. 하지만 이제 월명암의 옛 풍경들은 점점 멀어져 간다. 사라져 가는 것은 아름다운 것인가? 그 고즈넉하고 아련했던 경내의 풍경이 이내 그립다.

월명암 사성선원

제법성지의 모태 같은 곳

소태산은 기미년 8월 상수제자인 정산을 먼저 월명암으로 보내고 이어 12월(음 10월)에 월명암을 2차 방문하여 머물게 된다. 변산 시대를 그렇게 월명암에서 시작한 소태산은 맨 처음 송규와 오창건을 대동하고 쌍선봉에 올라 2차 백일기도 해제를 한다. 영산에서 법인 성사 후 2차 백일기도 해제를 앞당겨 마치고 온 터라 이곳에서 제 날짜에 맞춰 다시 해제식을 올린 것이다.

소태산이 이곳에 머무는 동안 제가불자의 거목인 창시자 부설거사의 불법과 생활, 성聖과 속俗이 둘 아닌 행적과 사상 등을 접하며 어쩌면 미래시대의 새로운 불법의 모델을 삼았는지도 모른다. 불교의 생활화 대중화를 주장한 소태산의 사상적 기반이 성속을 초월하여 일상의 삶속에서 도를 실현한 부설의 삶과 많이 상통하고 있기 때문이다.

소태산은 월명암에 머무는 동안 찾아오는 인연들이 많아지자 실상초당을 마련하여 2개월 여 만에 하산하게 된다. 그러나 비록 머문 시간은 짧지만 월명암은 소태산이 처음으로 직접 불교를 접하고 불교의 혁신사상에 대해 학명 선사와 많은 의견을 나눈 곳이며, 송규 정산을 보내 일 년 여간

불교의 교리와 제도를 연구하게 한 장소로, 새 회상 교법의 기본 틀을 준비한 결코 잊을 수 없는 제법성지의 모태 같은 곳이다.

겹겹이 갈 빛 산봉우리에 묻힌 고요한 섬 하나, 그렇게 좌정한 월명암의 가을이 투명하게 깊어간다. '산이 멈춰 서고 물이 돌아 나가는' 명당 중에 명당이라 했던가. 범인의 눈으로 봐도 월명암은 분명 그 지기가 범상치 않게 느껴진다.

변산 8경 중 으뜸인 월명무애月明霧靄는 바로 그곳에서 바라본 골짜기의 물안개와 구름이 춤추는 듯한 황홀한 비경을 이른다. 그리고 그 비경 만큼이나 아름답고 가슴 벅찬 부설가의 성불 이야기가 오늘도 수행자들의 옷깃을 여미게 한다.

청련암 대종사 이춘풍으로 더불어 청련암 뒷산 험한 재를 넘으시다가 말씀하시기를
"험한 길을 당하니 일심공부가 저절로 되는도다" 〈대종경 수행품 34장〉

서해안 시대의 제법성지와 원광선원

제법성지의 현실과 과제

원광선원 그 숨은 이야기

서해안 시대의 훈련도량

내변산 골짜기 말마동에 자리한 원광선원,
이 집에 들어오는 사람들은
마치 어머니의 자궁 속에 있는 것처럼 마음이
편안해지며 집중이 잘된다고 말한다.
종종 풍수를 아는 사람들이 지나가다
명당이라고 말하는 곳이다.
그래서인지 곧잘
무심히 선의 진경에 들 만큼 집중도가 높고
기운이 맑아지는 곳이다.
변산을 '수행자의 산' 이라고 한데는 그만한
이유가 있을 터다.

제법성지의 현실과 과제

원기 9년 4월 소태산은 서중안의 간곡한 하산 요청으로 새 회상의 기반이 될 익산총부 건설을 위해 만 4년 간의 변산시대를 정리하고 봉래정사를 떠난다. 제법성지는 그 후 김남천, 이춘풍 일가에 이어 이보국, 전종환이 관리 수호하였으나 후에는 고관진 등 실상동 주민에게 위탁하여 수호하게 된다. 그러다 원기 33년 사산 오창건의 발의로 석두암을 중수하나 원기 35년 6.25전란을 겪으며 공비소탕 작전 중 석두암과 실상초당이 모두 소실되어 버렸다. 물론 이 때 실상사도 함께 전소되었다.

그 뒤 제법성지는 약 28년 간 잊혀진 성지로 교단의 손이 미치지 못한 채 풀 속에 묻혀 있었다. 당시 하섬 원장으로 재직 중이던 범산 이공전 교무는 풀 속에 묻혀 찾기조차 어려웠던 성지를 오가며 안타까워 하다가 원기 63년 지금의 원광선원을 매입하여 성지수호의 계기를 마련하게 된다.

원광선원 매입과 더불어 그해 '변산제법성지사업회' 가 발족되고, 원기 65년, 교강발표 60주년을 기념하여 봉래정사 석두암 터에 '일원대도비' 를 건립, 이듬 해 대산종사 임석 아래 봉고식을 거행하고 원광선원 초대 원장으로 이공전 교무가 부임하면서 성지 사업의 첫걸음은 시작되었다.

그 후 원기 81년에는 강남교당 교도들의 합력으로 봉래정사 부지 1,448평을 1억 2천여 만 원에 매입하여 성역화 사업에 박차를 가하는 듯하였다. 그러나 소실된 실상사의 발굴 작업과 복원 사업이 본격화되면서 매입한 부지의 원 소유자인 실상사 측에서 땅의 반환을 요구하고 나섰다. 이에 교단에서는 불교와의 원만한 관계유지를 위해 제법성지 부지사용과 장엄사업 협조를 얻어내는 조건으로 원기 83년 그 땅을 불교 측에 무상양도 하게 된다.

그러한 약조 아래 2대 임윤철 원장은 첫 부임한 실상사 주지 지안의 협조로 원기 86년 석두암 터 진입로 공사와 조경 사업에 이어 이듬 해 봉래정사 기도실을 신축하게 된다. 그러나 오늘날 무상양도 당시 협조를 약속했던 서류들은 법적 효력을 갖지 못하고 성지사업은 답보상태인 채 부지확보가 교단의 절실한 과제로 남아있다.

더욱이 이제 그 일에 관여했던 두 스님이 떠나고 실상사에 후임 주지가 부임하여 복원사업을 본격화 하는 가운데 과거 부지 무상양도의 의미는 퇴색하고 성지순례마저 어려움을 겪고 있는 실정이다. 물론 교단에서는 제법성지의 이러한 현안에 대해 다각도로 문제해결의 의지를 보이고 있으나 순례자들을 맞이하고 안내하는 현장에서는 많은 어려움이 가중되고 있다. 제법성지의 봄은 언제쯤 올까? 다시 겨울이 시작되는 성지의 옷 벗은 빈 숲이 못내 시리다.

원광선원 그 숨은 이야기

내변산 골짜기 말마동에 자리한 원광선원, 이 집에 들어오는 사람들은 마치 어머니의 자궁 속에 있는 것처럼 마음이 편안해지며 집중이 잘된다고 말한다. 종종 풍수를 아는 사람들이 지나가다 명당이라고 말하는 곳이다. 그래서인지 곧잘 무심히 선의 진경에 들 만큼 기운이 참 맑아지는 곳이다. 변산을 '수행자의 산' 이라고 한데는 그만한 이유가 있을 터다.

제법성지 수호도량인 〈원광선원〉은 교단이 인수하기 전부터 원광선원이었다. 선원은 원래 월명암의 주지인 정도전 스님이 1972년에 지은 개인 사찰이었으나 1978년(원기 63) 당시 하섬 원장이던 범산 이공전 교무의 주선과 정읍교

당의 희사로 부속 임야와 함께 매입하게 된 것이다. 몇 년 전 범산 이공전 종사로부터 도전 스님의 원광선원 건립과 그 매입과정에 관한 생생한 이야기를 들으며 이곳이 우리 회상과 약속된 인연 깊은 땅이라는 것을 느낄 수 있었다.

월명암 주지였던 도전 스님은 인근 지역주민의 포교를 위해 동네 가까운 곳에 암자를 짓고자 염원하며 천일기도를 올렸다 한다. 그 원력에 감응하심인지 문수보살께서 바로 원광선원 터를 점지하여 스님은 그곳에 암자를 짓고 〈문수암〉이라 이름 하였다. 그리고 스승이신 지선 스님을 초청하여 모셨다. 그런데 문수암에 들른 지선 스님은 주변의 지형을 둘러보고 암자 이름을 〈문수암〉 보다는 〈원광선원〉이 좋겠다 하며 현판까지 써주었던 것이다.

그리고 5년 후 도전 스님이 개인적인 사정으로 하산하면서 이공전 교무를 통해서 암자를 원불교에 매각하게 되니, 그 명칭부터가 실로 범상한 일이 아닐 수 없다. 그때 그 암자는 지금도 낡은 기와를 이고 원광선원 중앙에 나지막하게 자리 잡고 있다. 그리고 암자 처마 밑에는 '굳세고 웅혼한 느낌'의 행서체로 쓴 지선의 현판 〈圓光禪院〉이 산 증인처럼 그대로 걸려있다. 그렇게 원광선원은 마치 원불교를 위해 준비된 땅인 것처럼 새 회상과 인연을 맺고 오늘날 제법

원광선원 구 법당

성지의 지킴이로 묵묵히 순례객들을 맞이하고 있다.

서해안 시대의 훈련도량

이렇게 30여 년 간 제법성지의 지킴이로 고락을 함께해 온 원광선원의 정체성에 대해 가끔 '성지인가 아닌가' 하는 질문을 던진다. 그러나 이곳에 근무하는 입장에서 이 질문은 참으로 무의미하다. 성지의 현황을 생각할 때 원광선원이 있었기에 잊혀진 성지를 찾고 그나마 지금껏 순례자를 맞이하며 수호할 수 있었던 것이 아닌가. 그래서 이곳을 매입하신 대산 종사와 범산 이공전 종사의 혜안에 깊은 감동과 감사를 느끼지 않을 수 없다.

변산이 어찌 실상동 봉래정사만 성지이겠는가. 소태산은 5년 간 이 골짜기의 아홉 구비 물길을 따라 걸으며 미래를 사유하고, 이곳의 풍경과 바람 속에서 영감을 얻고 새 시대의 법을 짜셨으며 사자후를 설하지 않았던가. 그러니 내변산 골골이 어찌 소태산의 성음이 메아리치고 발길 머문 성지가 아니겠는가. 봉래정사에서 겨우 2㎞ 남짓 되는 원광선원 말마동 역시 소태산의 가시거리에 있었으니 필시 이곳도 그분의 발길이 닿지 않았을까 상상해 본다.

원광선원은 매입 후 〈하섬분원 봉래수양원〉이라하였으나 원기 79년 다시 〈변산원광선원〉으로 부르게 된다. 복지기관에서 훈련기관으로 발돋움한 것이다. 이곳이 법생지法生地인 만큼 교법구현의 훈련기관으로 당연한 변화였다.

그러나 아름다운 자연경관과 제법성지를 옆에 둔 천혜의 입지조건을 갖추었음에도 불구하고 원광선원은 그동안 낡고 부족한 숙박시설 등으로 인하여 훈련이 원활하게 이루어지지 못했다.

그러다가 원기 92년 숙소 동을 친 환경적으로 신축하여 명실상부한 훈련도량으로 활발한 활동을 하며 발전의 새로운 전기를 마련하게 된다.

지난해에는 오랜 염원 끝에 구법당을 해체하고 그 자리에 새 법당을 신축하였으며, 식당 채 개축과 도량정비를 새로 하는 등 또 한 번의 큰 변화가 있었다.

한 스님의 암자로부터 시작된 헐린 구 법당은 원불교를 새 주인으로 맞이하여 40여 성상 그 땅을 지키며 수많은 사람들의 심신을 안아주던 영혼이 깃든 집이었다. 허물어져 가는 낡은 기와를 이고 쓰러질 듯 나지막이 버티고 서 있던 그 집이 포클레인의 쇠손에 무참히 해체되던 날, 왈칵 눈물이 쏟아졌다. 삽시간에 힘없이 무너져 깡마른 뼈대 몇 개로 남은 잔영들 앞에서 애잔함과 그 집을 지키지 못한 아쉬움이 못내 가슴에 밀려오곤 했다.

그러나 세상에 영원한 것은 아무 것도 없는 법, 우리의 추억이 어린 그 집을 떠나보내는 것은 선원의 새로운 변화와 발전을 위해 최선의 선택이었고 그렇게 시절인연이 다 한 것이라고 위로를 삼는다. 그리고 서해안 시대가 열리는 이즈음 "변산이 세상에 드러날 때 천불만성이 난다"고 한 소태산의 예언을 다시 주목해 본다.

변산은 중생제도의 염원이 불꽃처럼 뜨거웠던 청년 소태산의 원력과 포부가 뭉친 곳이다. 그리고 그 구원의 메시지가 선포된 불후의 성지다.

원광선원은 지금 그 성지의 지킴이이자 이 법으로 장차 천불만성을 발아시키는 훈련도량으로 거듭나고자 한다. 아직은 작고 미비하지만 성지에 기대어, 성지와 함께 영성 맑은 '깨달음의 집'으로 서해안시대를 향해 비상하게 될 것이다.

변산성지 흰제비꽃

원광선원 황토방 숙소

원광선원 새로 신축한 대각전

이 책은

지난 2011년 일 년 간 원불교신문에 연재했던 글을 모은 것이다.

지면을 허락해준 원불교신문사에 감사드리며,

제법성지 순례에 작은 도움이 되기를 바라는 마음으로

책을 펴낸다.

변산의 봄 여름 가을 겨울

펴낸날 원기98년(2013) 6월 1일 1판 1쇄 발행

지은이 강숙원
펴낸이 김영식
펴낸곳 원불교출판사

편집위원 오정행, 양영인
디자인 토음디자인

등록번호 제7호
등록일자 1967년 7월 1일
주소 570-754 익산시 신용동 344-2번지
전화 063-854-0784
값 9,000원

ISBN 978-89-8076-210-1-03200